# Über ein

# erweitertes menschliches

# Gott-erkennen

Maria Reymann

Herstellung und Verlag:
Books on Demand GmbH, Norderstedt

ISBN 978-3-8334-8035-5


2007

# Inhalt

# Einleitung

Meinem Sammelband „Über die Lebenskraft im Kosmos und über den Tod" lasse ich nun ein Sammelbändchen folgen.

Es enthält zusätzlich zu meinen eigenen Arbeiten einige Zitate von bekannten Denkern und eine Grafik.

# Meine Meinung

## 2003

Die meisten Kirchgänger, so scheint es mir, suchen in den Gottesdiensten vor allem Trost und Kraft für ihre Seelen. Und die Kirchen haben sich bemüht, ihnen diesen Trost zu geben in liebevoller Zuwendung und aktiver Hilfe. Sie haben, indem sie sich verstärkt nur den psychologischen und existentiellen Nöten zugewandt haben, versäumt, die Augen zu erheben und zur Kenntnis zu nehmen, wie sich die Welt verändert, wie sich eine ungeheuerliche Evolution des menschlichen Denkens, Wissens, Erkennens vollzieht, wie das Weltbild sich verändert, wie aus dem bisherigen statischen Weltbild ein dynamisches wird. Sie haben sich auf das <u>alte</u> Weltbild zurückgezogen, auch in ihrem Denken. Da wirken die Definitionen ihres Glaubens für viele Menschen nur noch wie leere Behauptungen.

Die Apostel, welche die christliche Kirche begründeten, haben sich dem Denken der Gebildeten ihrer Zeit ausgesetzt. Da weitete sich ihre Erkenntnis, da <u>begriffen</u> sie den Rabbi Jesus neu, begriffen den Glauben, begriffen „Gott" und „seinen Sohn" von einem kosmischen Denken her. Die meisten der neutestamentlichen Briefe lassen dies erkennen!!

Mir scheint, es wäre gut, wenn die Kirchen sich darauf besinnen würden und ebenfalls aus einem kosmisch-zielgerichteten Denken heraus predigen würden. Geradezu für abwegig halte ich es, wenn naturwissenschaftliche Fakten gepredigt würden. Aber aus dem Wissen heraus erwächst „Erkennen". Dann werden plötzlich Glaubensaussagen transparent. Dann kann Seelentrost in eine viel weitere und größere Perspektive münden.

Der Apostel Paulus bezeugt in fast allen seiner Briefe, dass er durch CHRISTUS „endynamisiert" worden ist (Röm. 4,20, Eph. 6,10, Phil. 4,13, 1.Tit. 1,12, 2.Tit. 2,1 4,7) bzw. er fordert dazu auf, sich „endynamisieren" zu lassen. CHRISTUS ist eine Kraft im Kosmos, ist die Energie, die „Leben" enthält, sie ist die eigentliche Schöpfungsenergie.

# Mein Denkentwurf

1. Evolution in unserem Universum erscheint zukunftsgerichtet:
   aus GOTT in GOTT hinein

2. GOTT ist Urkraftquelle
   Christus ist die aus GOTT fließende unsichtbare Lebensenergie. Sie wurde für uns Erdlinge (!) ein Erdling – als unser Vorbild und unser Urbild.

3. Das Böse ist eine Energie, die alles, was sich nach dem Urknall gebildet hat, in eine todhafte Dichte zurücksaugt.

4. Erlösung ist sieghafter Kampf gegen diese Todesenergie, Erlösung dokumentiert sich in der Auferstehung des Jesus CHRISTUS.

# Einige Zitate bekannter Denker

# Lucas

berichtet von dem Aufenthalt des Apostels Paulus in Athen und zitiert die Ansprache, die Paulus auf dem Areopag gehalten hat (Apostelgeschichte Kap. 17,23-31)

(übersetzt von Maria Reymann 2002)

„Männer von Athen!

Nach allem, was ich sehe, seid ihr ganz besonders eifrige Gottesverehrer. Als ich hier umherging und mir eure Heiligtümer ansah, fand ich auch einen Altar mit der Aufschrift „Einem unbekannten Gott".

Was ihr nun verehrt, ohne es zu kennen, gerade das verkündige ich euch.

Der Gott, der den Kosmos und alles, was in ihm existiert, erschaffen hat, der Kyrios ist von Himmel und Erde, der wohnt nicht in Tempeln, die von menschlicher Hand hergestellt sind. Er lässt sich auch nicht von Menschenhänden bedienen, so als begehre er etwas von ihnen.

Er selbst ist der Gebende. Er gibt allen Wesen Leben und Atem und überhaupt alles.

Er hat aus kleinem Anfang die ganze Menschheit erschaffen. Auf dem ganzen Antlitz der

Erde sollten sie wohnen. ER hat ihre Zeitdauer begrenzt und ihren Wohnsitzen Grenzen gesetzt.

Seine Absicht ist, dass die Menschen GOTTsucher sein sollen, ja dass sie IHN förmlich betasten, IHN finden mögen, denn ER ist als die eigentliche Kraft nicht fern von jedem von uns. Im Gegenteil: „in IHM" leben wir, „in IHM" bewegen wir uns, „in IHM" existieren wir.

Dasselbe haben auch einige eurer Dichter gesagt, nämlich: „wir sind SEINES Geschlechts".

Da wir nun von GOTT abstammen, dürfen wir nicht meinen, die GOTTHEIT sei gleichzusetzen mit Geld oder mit Silber oder mit Gestein, mit einem Gebilde, das von Menschen angefertigt oder erdacht ist.

Über diese Zeiten der Unwissenheit sieht GOTT hinweg. Jetzt verkündigt ER, dass alle Menschen, überall, meta-physisch denken sollen (meta-noein). Denn ER hat einen TAG festgesetzt, an dem ER die Menschheit in Gerechtigkeit „sieben" wird. In einem bestimmten Mann hat ER allen die Ursache geschaffen, dass sie das glauben können. ER hat ihn nämlich aus Toten auferweckt."

# Paulus

schreibt im ersten Brief an die Korinther, Kap. 3

(übersetzt von Maria Reymann 2001)

Ich, meine Geschwister, ich konnte mit euch nicht wie mit Menschen reden, die vom GEIST erfüllt sind, sondern nur mit fleischlich gesinnten Menschen, die sich im Christuskraftfeld wie unwissende Säuglinge bewegen. Milch habe ich euch zu trinken gegeben, keine feste Nahrung, denn ihr konntet sie noch nicht vertragen. Auch jetzt könnt ihr es noch nicht, immer noch denkt ihr nur fleischlich, biologisch. Denn solange noch Eifersucht und Streit unter euch herrschen, wandelt ihr da nicht als Menschen, die nur biologisch (d.h. fleischlich) orientiert sind? Wenn nämlich der eine erklärt: „Ich bekenne mich zu Paulus", der andere: „Ich bekenne mich zu Apollos", seid ihr da nicht nur biologische „Menschen"?

Was ist denn Apollos, was ist Paulus? Diener sind sie, durch welche ihr zum GLAUBEN gekommen seid. Und zwar dient jeder (von uns beiden) so, wie es der KYRIOS ihm eingegeben hat.

**Das Bild einer wachsenden Pflanze**

Ich – habe gepflanzt,
Apollos – hat begossen.

Aber GOTT – hat den GLAUBEN wachsen lassen.

Somit existiert weder der Pflanzende noch der Begießende eigenständig, sondern GOTT ist Ursache für das lebendige Wachstum.

Der Pflanzende und der Begießende sind einer wie der andere. Doch jeder wird nach seiner besonderen Arbeit auch seinen besonderen Lohn empfangen. GOTTES Mitarbeiter sind wir. Ihr seid GOTTES Ackerfeld, ihr seid GOTTES Bau.

**Das Bild eines lebendigen Tempels**

Kraft der mir geschenkten Zugewendetheit GOTTES habe ich wie ein weiser Architekt ein Fundament gelegt. Ein anderer baut darauf weiter. Jeder aber soll darauf achten, wie er weiterbaut. Denn ein anderes Fundament als das, was bereits liegt, vermag keiner zu legen. Das aber ist:

„Jesus CHRISTUS"[1].

---

1 Anm.: Bei allen bekenntnismäßigen Streitereien, die Paulus geradezu kindisch findet, hat Paulus eine theologische Grundlage gelegt, nämlich die beiden Worte: „Jesus Christus". Auf diesen beiden Worten kann jeder, je nach seiner ihm möglichen Einsicht, sein Gedankengebäude aufrichten. Aber er darf dabei nicht vergessen, dass er auf zwei grundlegenden Worten aufbauen muss, nicht nur auf dem historischen Menschen „Jesus", sondern ebenso auf dem transzendenten und transzendierenden „Christus".

Ob nun jemand auf diesem Fundament mit Gold, Silber und kostbaren Steinen oder aber mit Holz, Heu und Stroh weiterbaut – eines jeden Werk wird sichtbar werden. Jener „TAG" wird es sichtbar machen, weil er sich als loderndes Feuer offenbart. Und wie das Werk eines jeden beschaffen ist, wird eben jenes lodernde Feuer untersuchen. Wenn das Werk eines Mitarbeiters GOTTES, das er weitergebaut hat, (in diesem Feuer) „bleibt", so wird er sich belohnt wissen. Wenn das Werk eines Mitarbeiters GOTTES (in diesem Feuer) verbrennt, so wird es dadurch bestraft. Er selbst aber, der Mitarbeiter GOTTES, wird gleichsam durch dieses Feuer geheilt und gerettet werden.

**Das philosophische Welt-bild**

Wisst ihr nicht, dass ihr! „Tempel GOTTES" seid, und dass GOTTES Lebenskraft in euch atmet? Wenn jemand den Tempel GOTTES zerstört, den zerstört GOTT. Denn der Tempel GOTTES ist heilig, und der seid ihr!

Keiner betrüge sich selbst. Wenn jemand unter euch glaubt, ein nur-diesseitig Weiser sein zu können, der muss erst ein Tor werden, um ein Weiser zu werden. Denn die ausschließlich diesseitige Weisheit ist angesichts GOTTES -- - - Torheit.

In der Bibel steht geschrieben (Hiob 5,13): „Er (GOTT) fängt die Weisen in ihrer Schlauheit" und an anderer Stelle (Psalm 94,11): „Der

HERR kennt die Gedanken der Weisen, dass sie nichtig sind."

Daher mache niemand viel Rühmens bei nur menschlichen Gedanken.

<u>Alles</u>! -- gehört zu euch. Sei es nun Paulus, sei es Apollos, sei es Kephas (=Petrus), sei es der Kosmos, sei es Leben, sei es Tod, sei es das jetzt Existierende, sei es das zukünftig Seiende, alles gehört zu euch,
<u>ihr aber gehört zu CHRISTUS, CHRISTUS aber gehört zu GOTT.</u>

# Martin Luther

## De servo arbitrio

## „Vom unfreien Willen"

„Wenn Gott uns nicht mit Seinem Geist zu Hilfe kommt – – – dann sind wir Gefangene und Sklaven des Teufels (2.Tim. 2,26) – – –

Wenn der Eine, der stärker ist als der Satan, diesen angreift und überwindet, dann geraten wir in die Gewalt dieses Stärkeren. Dann sind wir ebenfalls unfrei, Gefangene des heiligen Geistes – königlich frei. Wir wollen und tun dann mit Lust, was Gott will.

So steht der menschliche Wille zwischen Gott und dem Satan. Er ist ein Pferd, das einen Reiter haben muss. Wenn Gott ihn reitet, geht er, wohin Gott will (Ps. 73,22). Wenn Satan ihn reitet, geht er, wohin Satan will -- -- --.

Die beiden kämpfen darum, wem er gehören soll."

# Immanuel Kant

## „Kritik der reinen Vernunft"

1) Vom letzten Zweck des reinen Gebrauchs unserer Vernunft
2) Vom Ideal des höchsten Guts als einem Bestimmungsgrund des letzten Zwecks der reinen Vernunft

Wenn wir aus dem Gesichtspunkt der sittlichen Einheit einem notwendigen Weltgesetz die Ursache erwägen ..... so muss es ein einziger oberster Wille sein, der alle diese Gesetze in sich befasst. ..... Die Welt muss also aus einer Idee entsprungen vorgestellt werden, wenn sie mit dem Vernunftsgebrauch ..... zusammenstimmen soll. Dadurch bekommt alle Naturforschung eine Richtung nach der Form eines Systems der Zwecke und wird in ihrer höchsten Ausbreitung Physiko-Theologie.

# Stephen W. Hawking

## „Eine kurze Geschichte der Zeit Die Suche nach der Urkraft des Universums"

S. 217: Auch wenn nur <u>eine</u> einheitliche Theorie möglich ist, so wäre sie doch nur ein System von Regeln und Gleichungen. <u>Wer bläst den Gleichungen den Odem ein?</u> ..... Die übliche Methode ..... kann die Frage, <u>warum</u> es ein Universum geben muss .... nicht beantworten. <u>Warum</u> muss sich das Universum all dem <u>Ungemach</u> der Existenz unterziehen? .....

S. 218: <u>Wenn</u> wir jedoch eine <u>vollständige Theorie</u> entdecken, dürfte sie nach einer gewissen Zeit in ihren Grundzügen für jedermann verständlich sein ..... <u>Dann werden wir uns alle – Philosophen, Naturwissenschaftler und Laien</u> – mit der Frage auseinander setzen können, <u>warum</u> es uns und das Universum gibt. Wenn wir die Antwort auf diese Frage fänden, wäre das der endgültige Triumph der menschlichen Vernunft – <u>denn dann würden wir Gottes Plan kennen</u>.

# Über ein

## erweitertes menschliches

## Gott-erkennen

# Als Präludium
# ein Gleichnis vom Reich der
# Himmelswelten, das Jesus
# erzählt hat

*Matthäus 25,14-30*

*Es ist wie bei einem Menschen, der auf Reisen ging.*

*Er rief <u>seine persönlichen</u> Diener und vertraute ihnen <u>sein</u> Vermögen an. Dem einen gab er fünf Talente[2] Silbergeld, einem anderen zwei, wieder einem anderen eines; jedem nach der ihm eigenen Fähigkeit. Dann reiste er ab.*

*Der aber, der eines erhalten hatte, ging hin, grub ein Loch in die Erde und versteckte das Silbergeld seines Herrn.*

*Nach langer Zeit kam der Herr jener Diener und rechnete mit ihnen ab.*

*Da trat der herzu, der fünf Talente empfangen hatte, brachte noch fünf weitere und sagte: „Herr, fünf Talente hast du mir gegeben. Sieh her, ich habe noch fünf Talente dazugewonnen." Da sagte der Herr zu ihm: „Eu! Sehr gut! Du guter und treuer Diener! Du bist über Wenigem treu gewe-*

---

2   Ein hebräisches Silbertalent galt etwa 7.500 DM

*sen. Über Vieles will ich dich setzen. Komm herein zu dem Freudenmahl deines Herrn."*

*Dann trat der vor, der zwei Talente empfangen hatte, und sagte: „Herr, zwei Talente hast du mir übergeben. Sieh her, ich habe noch zwei Talente dazugewonnen." Da sagte sein Herr zu ihm: „Eu! Sehr gut! Du guter und treuer Diener! Du bist über Wenigem treu gewesen. Über Vieles will ich dich setzen. Komm herein zu dem Freudenmahl deines Herrn."*

*Dann trat auch der hervor, der das eine Talent empfangen hatte, und sagte: „Herr, ich wusste, dass du ein harter Mensch bist: du erntest, wo du nicht gesät hast, du sammelst, wo du nicht geworfelt hast. Aus Angst habe ich dein Geld in der Erde versteckt. Hier hast du es wieder!"*

*Da antwortete ihm sein Herr: „Du bist ein „böser" Diener und faul dazu. Du wusstest, dass ich ernte, wo ich nicht gesät habe, und einsammle, wo ich nicht geworfelt habe. Hättest du mein Geld wenigstens auf die Bank gebracht. Dann hätte ich mein Geld bei meiner Rückkehr mit Zinsen zurückerhalten. Darum nehmt ihm das Talent ab und gebt es dem, der zehn Talente hat. Denn jedem, der hat, wird noch hinzugegeben werden, so dass er Überfluss hat. Wer aber nicht hat, dem wird auch das genommen werden, was er hat. Werft den unnützen Diener* (hinaus aus dem hellerleuchteten

Herrenhaus und seinem Lichtschein) *hinaus in die äußerste Finsternis.* Dort wird er *wehklagen und* (wegen Unterkühlung) *mit den Zähnen klappern."*

# Teil I

2004

Im großen römischen Reich der ersten Jahrhunderte nach unserer Zeitrechnung, in dem sich das Christentum ausbreitete, hatten sich fünf Patriarchate gebildet: Rom, Konstantinopel, Alexandrien, Antiochien, Jerusalem. Sie verhielten sich synodal zu einander. Es konnte aber nicht ausbleiben, dass die politischen Hauptstädte Rom und Konstantinopel auch kirchliche Schwerpunkte wurden.

Als das römische Großreich dann zerfiel, zerfiel auch die kirchlich synodale Verbindung langsam, aber kontinuierlich: es trat immer mehr zutage, wie verschieden das Denken und Fühlen im griechischen Sprachraum von dem im lateinisch-germanischen war. Und es bildeten sich die beiden christlichen Kirchen, wie sie noch heute bestehen: die römisch-katholische und die orthodoxe Kirche. „Orthodox" heißt rechtgläubig. Die orthodoxe Kirche blieb nämlich in der Tradition der frühchristlichen griechischen Theologie des 4. Jahrhunderts, vor allem des Kappadoziers Basileus, ebenso Gregors von Nazianz und Gregors von Nyssa. Sie „blieb" (und scheint gewissermaßen erstarrt).

Die große Frage, die alle christlichen Denker bewegte, war die nach der Natur Christi (griechisch: Ousia; göttliche Natur – menschliche Natur), es war die Frage nach der Möglichkeit einer Menschwerdung des göttlichen Logos. Maria als menschliche Mutter wurde in beiden christlichen Kirchen immer wichtiger.

Im Westen suchte man realistisch, historisch, erkenntnis-theoretisch die Christusreligion zu begreifen. Im Osten erlebte man sie pneumatisch-ganzheitlicher, erlebte man auch Maria als ganzheitliche Menschheitsvertreterin, die während ihrer Schwangerschaft von dem Logos, der in ihr war, mehr und mehr vergöttlicht wurde, so dass sie als „Gottesgebärerin" eine fürbittende und Hilfestellung gebende Gestalt wurde, eine Gestalt, die ins Irdisch-Überirdische wuchs. Sie verkörperte das, was der Sinn des Menschseins ist: Theosis, d.h. Vergöttlichung.

Die Überlegungen der Theologen über die „Ousia", über die Natur Christi, gehen von der Voraussetzung aus, dass Gott als Schöpfer anders ist, als das von ihm „gemachte" Geschöpf (das Weltall, die Pflanzen, Tiere, Menschen), dass dieses Geschöpf eine andere Qualität besitze, die Tendenz habe, sich von Gott lösen, ohne ihn existieren zu wollen. Damit rühren die Theologen an die Tatsache, dass es Energien gibt, die im Menschen! erlebbar werden.

Dass diese Energien das ganze Universum! durchdringen, dass sie dort nachprüfbar und berechenbar sind, hat wohl erst die

Naturwissenschaft ans Licht gebracht. Sie hat Einblick gewonnen in das Netzwerk der Energien im kleinsten Maßstab der Materiebildung und im größten Maßstab der Sternbildung.

Als „kosmische Ur-kraft" hat sie bisher die Gravitation erkannt, diese Anziehungskraft zwischen zwei Massen, die Saugkraft der größeren Masse.

Aber in jüngster Zeit hat sie auch die Energie wahrgenommen, die im Gegensatz zur Gravitation nicht an sich zieht, sondern ausstrahlt.

Es sind also zwei „Urkräfte". Sie bekämpfen sich. Die Schöpfung ist nicht „gut". Sie ist lebendiger Kampfplatz. Wir sehen überall um uns, wie die Saugkraft der Gravitation überwunden werden kann, wie etwas werden, wachsen, grünen, blühen kann.

„O, Gott, wie schön ist diese Welt!" Dieser Jubel der Christen hat etwas von einem Siegesjubel an sich, denn diese schöne Welt ist keineswegs selbstverständlich. Sie ist ständig bedroht.

Man sagt: die Natur repariert, was zerstört wurde, lässt Neues entstehen, wo die Eigenausdehnung von Pflanzen, von Tieren (z.B. Insekten), von Feuern oder Unwettern Leerräume geschaffen hat.

Wo ist die Quelle, die es der Natur ermöglicht, aus sich heraus neues Leben werden zu lassen, zu blühen, zu reifen, zu zeugen, zu gebären, zu erfinden, zu gestalten?

Vordergründig scheint sie im Dunkel zu liegen. Seit Urzeiten aber offenbart sie sich der menschlichen Einsicht und Erfahrung.

Den Christen offenbart sie sich als die Dynamik Gottes, die ein Werden bewirkt.

**Joh. 1,1ff**

*Im Anfang war der „Logos", und der Logos war bei Gott, und Gott war der Logos. Dieser war im Anfang bei Gott.*

*Alles – wurde durch ihn, und ohne ihn wurde nicht Eines. Was in ihm geworden ist, war Leben.*

Dieses „Werden" ist das eigentliche Kennzeichen von Gottes Schöpfung. Gottes „Atem-Wort", Gottes „Logos" ermöglicht der Natur, sich gegen die An-sich-ziehung der Gravitation durchzusetzen.

Rückblickend kann man erkennen, wie alles Gewordene mit dem bisher Existierenden zusammenhängt. Aber vorausblickend ahnt man nicht, ob, wie, was werden kann und werden wird.

Dass auf der Erde biologisches Leben entstand, ist aus den physikalischen Befunden allein nicht abzuleiten. Es wurde, weil Gott durch seinen „Logos" das Universum werden ließ.

Die unbelebte und die lebendige Natur waren (soweit wir Menschen das beurteilen können) ohne Denken. Erst als die Menschen als Denkwesen entstanden, spürten sie mit ihrem Bewusstsein, dass es Lebenskräfte gibt, die alles hervorbringen und alles durchdringen, die sich nicht manipulieren lassen. Sie suchten sich ihnen zu nähern, sich mit ihnen anzufreunden, denn sie fürchteten sie, sie opferten ihnen, sie feierten sie mit Kulten, mit Tänzen, mit rhythmischen Gesängen.

Denkend erkannten die Menschen allmählich, dass die Vielfalt der Lebenserscheinungen auf eine einzige Quelle verweist, es entstand Monotheismus. Und endlich, als die Zeit dafür reif war, inkarnierte sich Gottes „Logos", er wurde ein Mensch, aber ein <u>Mensch voller Göttlichkeit, Jesus von Nazareth.</u>

### Joh. 1,14

*Und der „Logos" ist Fleisch geworden und hat bei uns gewohnt, und wir haben seine Doxa, seine Göttlichkeit gesehen, wie er sie als der Einziggezeugte vom Vater her besitzt, eine Göttlichkeit voll von Zugewandtheit und von Wahrheit.*

Er „zeigte" sein Logoswesen durch die häufigen Heilungen, bei denen er Blockaden löste und wieder Lebenskraft fließen ließ. Er „zeigte" sein

Logoswesen auch dadurch, dass er Naturvor-
gänge beeinflusste.

Das Johannesevangelium listet seine
„Zeichen", durch die er seine Göttlichkeit „zeigte", auf und nennt als erstes! Zeichen sein
Handeln in dem Dorf Kana. Im ganzen Mittel-
meerraum war es damals üblich, dass man den
Wein mit Wasser versetzte (wie es noch heute
bei der katholischen Messe üblich ist). Ein
Speisemeister prüfte das Mischungsverhältnis.
Bei der Hochzeit, die in dem Dorf Kana gefeiert
wurde und bei der Jesus, seine Freunde und
seine Mutter als Gäste anwesend waren, ging
dieser Mischwein langsam zu Ende. Jesus
zeigte sein göttliches Logoswesen dadurch,
dass er den Wein in den mit Wasser
nachgefüllten Krügen „vermehrte". Der Eindruck, den er dadurch auf seine Freunde
machte, war gewaltig (Joh. 2,11). Sie erkannten
DEN, durch den alles (!) geworden war und der
alles werden lassen wird, und sie glaubten – in
ihn hinein.

Als zweites! „Zeichen", durch das Jesus seine
Göttlichkeit „zeigte", gilt für den Evangelisten
Johannes die Heilungskraft Jesu (Joh. 4,54). Er
erzählt, wie ein königlicher Beamter Jesus
bittet, zu kommen und seinen Sohn, der sonst
sterben müsse, zu heilen. Jesus aber braucht
nicht erst zu kommen, durch seine lebenskräf-
tigen Worte heilt und be-lebt er den Kranken
aus der Ferne.

Das sind die beiden Grundpfeiler. Auf ihnen baut Jesus seine Predigten, seine ethischen Anweisungen, seine Geschichten auf.

Er vermehrt Brot, Fische, Nahrung, Wein. Er heilt Kranke, Blinde, Schwache.

Johannes erzählt im 6. Kapitel seines Evangeliums von der Brotvermehrung. Jesus macht danach klar, dass es nicht darum geht, alle Tage satt zu werden, sondern um ein neues Erkennen: es gibt eine Kraft, die im Getreide das Wachsen und Reifen bewirkt, die im Menschen die Kreativität bewirkt, daraus Brot zu backen. Er sagt: „Ich bin das Brot des Lebens." Ich bin die Kraft, in diesen Vorgängen das Göttliche zu erkennen, das alles Irdische hinein in die Ewigkeit wachsen lässt.

Er sagt: „Ich bin der Weinstock", der durch die ihm eigene Lebenskraft Zweige bildet, Früchte werden lässt (Joh. 15,5).

Er sagt: „Ich bin das Licht des Kosmos" (Joh. 8,12).

Er sagt: „Ich bin der gute Hirte" (Joh. 10,12). Denn seit seiner Menschwerdung war die kosmische Logoskraft für die Menschen menschlich geworden, war Christuskraft geworden.

„Christus endynamisiert mich, euch" schreibt der Apostel Paulus in seinen Briefen (Röm., Ephes., Phil., Tim., Titus 1+2). Christus trägt die Schwachen, führt die Herde.

Die Menschwerdung: aus der jungfräulichen Eizelle des Mädchens Maria, die nicht durch den Samen eines Menschen-mannes, sondern unmittelbar durch die göttliche Dynamik befruchtet worden war, entwickelte sich der Embryo, der Säugling, der Knabe, der Mann, der nun seine ihm eigenen Logoskräfte durch seine Wunder, seine Predigten, seine Lebensweise zeigte.

Christus und mit ihm Gott ist nicht mehr ein ferner Gott. Man kann seine Nähe jederzeit und an jedem Ort spüren. Was besondere Menschen schon immer fühlten, was sie zu Heiligen machte, das ist nicht mehr nebulös-mystisch, es ist für jeden Menschen erlebbar, der sich klar macht, dass <u>jedes</u> Elementarteilchen, <u>jedes</u> Ding und <u>jeder</u> Organismus <u>von göttlicher Kraft</u> gesteuert wird, dass trotz der niederhaltenden Gegenkraft sich die Gotteskraft sieghaft durchsetzt. Der Mensch mit seinen <u>persönlichen</u> Gotteserfahrungen ist eingebunden in den großen Naturzusammenhang.

Die Naturwissenschaft legt offen, wie seit dem Urknall ein unaufhaltsames Werden geschieht. Den damaligen Erntearbeitern vergleichbar, die das geerntete Getreide auf der Tenne immer wieder hochwerfen, um es von der Spreu zu befreien, so zerlegt sie die Materie, nimmt sie auseinander, um sie zu verstehen.

Der „böse" Diener in Jesu Gleichnis wirft seinem Herrn vor (d.h. er wirft dem Gottessohn vor), dass er das Arbeitsergebnis auf der Tenne einfach nimmt und es in seinen Reichtum einbringt.

Jesus findet richtig, wie der Diener seinen Herrn charakterisiert.

Im Johannesevangelium sagt er es ausdrücklich. Er belehrt seine Jünger folgendermaßen:

(Joh. 4,37)

**Andersartig ist der, der sät**
**andersartig ist der, der erntet.**

(Joh. 4,38)

**_Ich (ego)_ habe euch gesandt, zu ernten, wofür _ihr nicht_ gearbeitet habt. _Andere_ haben die Arbeit geleistet, und _ihr_ seid _in_ deren Arbeit hineingetreten.**

(Joh. 4,35+36)

**Erhebt eure Augen und _schaut die Felder: weiß sind sie schon zur Ernte!_ Wer (hier) erntet, empfängt Lohn dadurch, dass er Frucht sammelt _zu ewigem Leben_ und so _beide sich gemeinsam freuen_, der Säende und der Erntende.**

Die Theologen aller Kirchen haben viel zu tun, damit sich alle über die Kräfte Gottes freuen können.

# Nachwort

Mein Anliegen war es, zu zeigen, wie über das menschlich-persönliche Erleben hinaus Gott in kosmischen Dimensionen zu erleben und zu erkennen ist. Deshalb habe ich jene Kraft, die sich Gottes Kraft zu widersetzen bemüht, in dieser Arbeit nicht besonders herausgestellt. In einer Studie über „Das Böse" habe ich versucht, mir über diese „Widersacherkraft" klar zu werden. Sie ist in meinem Sammelband „Über die Lebenskraft im Kosmos und über den Tod" erschienen. Erst beide Erkenntnisse: „Gott" und „Satan" spiegeln unser irdisches Leben und sind untrennbar aufeinander bezogen

# Teil II

2005

Zu einem
erweiterten Verständnis der neutestamentlichen
Glaubensaussagen
hat mich ein Buch des theoretischen Physikers
Lee Smolin angeregt. Für die Übersetzung aus
dem Amerikanischen ins Deutsche hat es den
Titel „Warum gibt es die Welt?" bekommen.
Der Titel der Originalausgabe lautet jedoch
„The life of the Cosmos" (das Leben des
Kosmos). Ich möchte ihn am liebsten überset-
zen „Die Lebendigkeit des Weltalls", denn ich
glaube, das trifft den Inhalt des Buches besser
als die deutsche Titulierung.

Als Theologin regt mich das Buch zu vielen
Gedanken an. Dabei ist mir klar, dass ich letzt-
lich nicht die Tragweite aller naturwissenschaft-
lichen Erkenntnisse durchschaue. Aber ich
fühle mich in meinen theologischen Erkenntnis-
sen bestätigt.

Smolin legt z.B. größten Wert darauf, dass die
Welt das Ergebnis eines Selbstorganisations-
prozesses ist, dass sie voller Struktur und
Vielfalt ist. Er lehrt sehen, wie Wechselwir-
kungen und Beziehungen zwischen den Dingen
die Eigenschaften dieser Welt erklären. Das
Bild dieser Welt wird „relational", lebendig.

Auch für mich ist die Welt ein sich von innen heraus aufbauender Prozess. Sie ist nicht ein von außen gelenktes Geschehen, Gott „macht" die Welt nicht, sie „wird" aus-Gott-heraus. Der Apostel Paulus definiert es im Brief an die Römer (11,36) so: „Aus ihm heraus (ex) und durch ihn und in ihn hinein (ist) Alles." Die Antriebskraft, die Dynamik und die Gestaltungskraft wird im Prolog zum Johannesevangelium „Logos" genannt, eine göttliche Kraft, der „Sohn" Gottes. Joh. 1,1-5 „Alles „wurde" durch ihn, und ohne ihn „wurde" nicht Eines. Was in ihm „geworden ist" war Leben. Und das Leben war das Licht der Menschen. Und das Licht scheint – in der Finsternis ..."

Das Evangelium, das durch diesen Prolog eingeleitet wird, schildert einen Kampf, den Kampf des Lichts mit der Finsternis, der Evolutionsdynamik mit der zurücksaugenden Kraft der Gravitation.

Smolin schildert zwar keinen Kampf, aber die Notwendigkeit eines Ungleichgewichts, damit Energie fließen kann, damit Systeme lebendig sein können. Gleichgewicht wäre eine in sich verfestete, unveränderliche Struktur. Er sieht die menschliche Situation (als lebendiges System in einem sich selbst organisierendem System) als gegeben an und erwartet, wie er in seinem Epilog schreibt, als Höchstes „Mitgefühl".

Ich sehe eine Höherentwicklung vom Kosmos (mit seinen unzähligen Sternen und Galaxien) zur Entwicklung auf einem der vielen Sterne, der aus sich heraus lebendige Pflanzen, sich bewegende Tiere, denkende Menschen, die Strukturen von Genen, die unsichtbaren Strukturen von „Memen" (wie man Denk-einheiten nennt) hervorgebracht hat.

Ich würde die Welt ein System nennen, das der göttliche Logos aus sich selbst heraus organisiert und dessen Entwicklung auch nach dem Körpertod der Menschen weitergeht.

Hier komme ich zum zweiten Punkt, der mich beim Lesen des Buches von Lee Smolin zum Nachdenken angeregt hat, nämlich: Die schwarzen Löcher. Ich zitiere im Folgenden Smolins Buch „Warum gibt es die Welt?" S. 107-109 und S. 211:

## S. 107-109

„Heute wissen wir, dass es in unserem Universum tatsächlich Schwarze Löcher gibt. Obwohl man sie aus verständlichen Gründen nur schwer sehen kann, da sie natürlich kein Licht abgeben, gibt es doch einige Effekte, bei denen man ihre Wirkung auf andere Sterne beobachten kann. Die Hinweise auf die Existenz einiger Schwarzer Löcher verdichten sich, und es gibt gute Gründe zu glauben, dass es wesentlich mehr von ihnen gibt. Eine präzise Schätzung ihrer Zahl lässt sich nur schwer geben, nicht nur, weil man sie so schwer beobachten kann, sondern auch, weil wir noch nicht genügend über die Anzahl der Sterne wissen, die am Ende ihres Lebens zu einem Schwarzen Loch werden. Nach einer konservativen Schätzung gibt es auf zehntausend Sterne ungefähr ein Schwarzes Loch. Jede Galaxie enthält daher mindestens einhundert Millionen Schwarzer Löcher.

Was liegt hinter den Horizonten all dieser Schwarzen Löcher? Die Sache ist hier sehr ähnlich wie beim Big Bang, nur in umgekehrter Richtung. Angenommen, Einsteins Allgemeine Relativitätstheorie beschreibt den Kollaps eines Sterns korrekt, dann befindet sich mit ziemlicher Sicherheit <u>im Inneren eines Schwarzen Loches eine Singularität</u>. Genau das hatte Roger Penrose bewiesen, als er das erste seiner Singularitätentheoreme fand.

Es gibt aber einen wichtigen Unterschied zur kosmologischen Singularität. Im Schwarzen Loch liegt die Singularität <u>in der Zukunft statt in der Vergangenheit</u>. Nach der Allgemeinen Relativitätstheorie wird jedes Bruchstück des kollabierenden Sternes und jedes Teilchen, das nachher in das Schwarze Loch fällt, an einen letzten Augenblick kommen, bei dem die Materiedichte und die Stärke des Gravitationsfeldes unendlich werden.

Doch wir glauben nicht, dass die Allgemeine Relativitätstheorie uns die ganze Wahrheit darüber sagt, was sich innerhalb eines Schwarzen Loches ereignet. Der Grund ist derselbe wie im kosmologischen Fall, Bevor ein Stern zu unendlicher Dichte zusammengedrückt wird, gibt *es* einen Punkt, an dem er so klein ist, dass der Einfluss der Quantenmechanik mindestens so wichtig ist wie die Gravitationskraft, die den Stern zusammendrückt. Ob es daher wirklich eine Singularität gibt, ist eine Frage, die nur eine Quantentheorie der Gravitation beantworten kann.

Viele, die an einer Theorie der Quantengravitation arbeiten, glauben, dass die Quantentheorie uns von den Singularitäten befreien wird. In diesem Fall könnte es sein, dass die Zeit in einem Schwarzen Loch nicht an ein Ende kommt. Obwohl in der letzten Zeit mehrere interessante Argumente vorgebracht wurden, ist das Problem, was sich bei Berücksichtigung der Quanteneffekte in einem Schwarzen Loch ereignet, immer noch ungelöst.

Sollte die Zeit enden, dann gibt es im wahrsten Sinne des Wortes nichts mehr zu sagen. Doch was, wenn nicht? Angenommen, es gibt die Singularität nicht und die Zeit innerhalb eines Schwarzen Loches hat kein Ende. Was geschieht dann mit dem Stern, der zu diesem Schwarzen Loch kollabierte? Da er sich für immer jenseits des Horizontes befindet, können wir auch niemals beobachten, was dort passiert. Doch wenn die Zeit nicht endet, dann gibt es dort etwas — irgend etwas muss dort passieren. Die Frage ist: Was?

Wir sind in einer ähnlichen Situation wie bei der Frage, was vor dem Big Bang geschah, falls sich die Zeit aufgrund von Quanteneffekten unendlich in die Vergangenheit erstreckt. Tatsächlich gibt es eine sehr reizvolle Antwort auf beide Fragen bzw. eine Idee, so dass sich die beiden Fragen gegenseitig beantworten. Ein kollabierender Stern wird zu einem Schwarzen Loch, innerhalb dessen er in einem sehr dichten Zustand zusammengepresst ist. Das Universum begann in einem ganz ähnlichen dichten Zustand, aus dem es expandiert. Wäre es möglich, dass es sich dabei um ein und denselben dichten Zustand handelt? D. h., <u>wäre es möglich, dass hinter dem Horizont eines Schwarzen Loches ein neues Universum entsteht?</u>

<u>Genau das könnte passieren, falls der kollabierende Stern</u>, nachdem sich der Horizont des Schwarzen Loches um ihn herum gebildet hat, aus einem sehr dichten Zustand heraus <u>explodierte</u>. Schauen wir von außerhalb des Horizonts auf das Schwarze Loch, werden wir diese Explosion niemals sehen, denn sie liegt jenseits des für uns sichtbaren Bereichs. Das Äußere eines Schwarzen Loches bleibt gleich, unabhängig davon, ob innerhalb eine Explosion stattfindet oder nicht. Doch nehmen wir einmal an, wir gingen in das Schwarze Loch hinein und würden irgendwie die Kompression zu den extrem hohen Dichten überleben. An einem bestimmten Punkt kommt es zu einer Explosion, d. h., der Kollaps der Sternmaterie kehrt sich um, und es kommt zu einer Expansion. Würden wir das ebenfalls überleben, hätten wir den Eindruck, wir befänden uns in einem Bereich des Universums, in dem sich alles voneinander wegbewegt. Es wäre tatsächlich vergleichbar mit den frühen Stadien unseres expandierenden Universums.

<u>Dieser expandierende Bereich könnte sich dann ganz ähnlich wie unser Universum entwickeln.</u> Er könnte zunächst eine inflationäre Phase durchmachen und sehr groß werden. Wenn sich die Bedingungen entsprechend entwickeln, könnten sich Galaxien und Sterne bilden, so dass dieses neue «Universum» nach einer gewissen Zeit zu einer Kopie unserer Welt

würde. Viel später würden vielleicht intelligente Wesen entstehen, die zurückblickend den Eindruck gewännen, in einem Universum zu leben, das aus einer unendlich dichten Singularität geboren wurde, vor der es keine Zeit gegeben hat. Doch in Wirklichkeit lebten sie nur in einem <u>neuen Gebiet von Raum und Zeit</u>, entstanden durch eine Explosion nach einem Sternenkollaps zu einem Schwarzen Loch in unserem Teil des Universums."

## S. 211

„Auf der anderen Seite <u>besitzen wir heute vielleicht zum ersten Mal in der Geschichte der Menschheit die notwendigen Kenntnisse, um uns vorstellen zu können</u>, in welcher Weise ein Universum wie das unsrige <u>auch ohne die unendliche Intelligenz und Weitsicht eines Gottes</u>[3] entstehen konnte. <u>Wäre es nicht denkbar, dass dieses Universum so wurde, wie wir es vorfinden, weil es an seiner eigenen Entstehung mitgewirkt hat?</u> Könnten die Ordnung, Struktur und Schönheit, die wir auf jeder Skala bewundern, nicht der <u>Ausdruck eines stetigen Prozesses der Selbstorganisation</u> und der immer feineren <u>Anpassung</u> sein, <u>der über einen sehr langen Zeitraum am Werk war?</u> Wenn sich ein solches Bild entwerfen ließe, könnten wir die auf allen Skalen vorhandenen Strukturen und Phänomene in diesem Universum verstehen, und zwar <u>nicht</u> als einen außerordentlichen <u>Zufall</u>, durch den eine fundamentale Theorie so präzise vorgegeben wurde, <u>sondern</u> einfach als

---

3 <u>Vgl</u>. S. 171 „die <u>Intelligenz</u> eines <u>außerhalb</u> dieses Universums existierenden Gottes ..."

einen <u>Beweis dafür, dass der</u> Schöpfer dieses Uni-<u>versums in</u> nicht mehr und nicht weniger als <u>dem</u> zufälligen und statistischen <u>Prozess seiner eigenen Selbstorganisation besteht.</u>"

Der Gedanke, dass sich immer neue Universen bilden könnten, erweitert unsere Vorstellung von Gott in undurchschaubare Weiten.

Er weitet und vergrößert auch meine Sicht, dass nämlich die Entwicklung (deren winziger Teil wir sind) ein Evolutionsprozess ist, eine Erlösung von dem rebellischen Engelfürsten, der selbst „GOTT" sein will und alles in „SICH" hineinsaugt.

Er rückt unser menschliches, nur an die Erde gebundenes Denken in kosmische Ausdehnungen.

Er lässt unseren Stern Erde einen Teil des kosmischen Geschehens werden, das sich für immer neue Aspekte öffnet. Er rückt unsere Vorstellung von Gott aus der Stubenwärme und Herzenswärme in undurchschaubare Weiten, ohne dass die nötigen Nähe-erfahrungen aufgegeben oder unwichtig werden dürfen.

Er rückt auch die Vorstellung von einer Wiedergeburt nach dem Tod, die immer wieder aus der Menschheit auftaucht, in kosmische Dimensionen.

Den Augen der Hirten auf Bethlehems Fluren wurde plötzlich sichtmöglich, wie das Dunkel des Universums sich mit „himmlischen Heerscharen" füllte, ihnen wurde die Gottesenergie, die Logosdynamik als lebendurchwirktes Licht enthüllt. Ihre Ohren hörten kosmische Musik. Sie erfuhren, dass der aus der Gottesmacht geborene „Sohn" ein auf der Erde geborener Menschensäugling geworden war. „Der Retter ist da!"

Er hat die Menschen aus der Sinnlosigkeit und Ziellosigkeit ihres Lebens herausgeführt durch seine Gespräche, sein Erklärungen, seine Seligpreisungen, seine Wunderzeichen, er hat sie herausgeführt durch das Erlebnis seiner Auferstehung hinein in GÖTTLICHE Welten.

„Welch eine Liebe hat uns (Menschen) der Vater (dieser Urquell aller Dynamik) erzeigt, dass wir seine Kinder heißen sollen, und wir sind es auch!" (1. Joh. 3,1)

# Maria, die Mutter Jesu

2004

Das Fernsehen brachte in seinen „Wissen"-sendungen (klonen, Stammzellen u.ä.) immer wieder das Bild von der sich teilenden, menschlichen Eizelle. Eines Nachts sah ich diese Eizelle im Leib der Jungfrau Maria. Ich war völlig überrascht über diesen Traum. Aber er regte mich zu der folgenden Studie an:

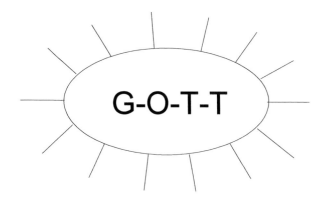

Seine schöpferische Wirk- und Gestaltungskraft hat das ganze Universum werden lassen, hat lebendige Zellen entstehen lassen, hat ihre Teilung gewirkt, hat sie sich zu immer neuem Gefüge aufbauen lassen.

Es ist leicht, sich vorzustellen, wie im jung-fräulichen Leib des Mädchens Maria ihre Eizelle sich zu teilen beginnt und, infiziert von der göttlichen Wirk- und Gestaltungskraft, sich zu einem männlichen Embryo aufbaut – wie ein Mensch geboren wird, der mit den menschlichen Genen GOTTESkräfte in sich trägt (die ihn später einmal die Materie besiegen lassen).

Es ist leicht, sich vorzustellen, dass vor einer jüdischen Hochzeit sowohl der Penis wegen seines Beschnittenseins als auch die Vagina wegen ihrer Unberührtheit überprüft wurden, dass Josef erkannt hat, dass Maria obwohl schwanger jungfräulich unberührt war, dass er darüber erschüttert war und Maria und das später geborene Kind ehrfurchtsvoll umsorgt hat.

Es ist leicht, sich vorzustellen, wie nahe Hirten und ferne Magier (von äußeren Erlebnissen und Ereignissen bestätigt) sich von innen her zu diesem Kind hingezogen fühlten, ebenso wie der greise Simeon und die Prophetin Hanna.

Unbefangen nannte der zwölfjährige Jesusknabe – GOTT – seinen Vater „Muss ich nicht sein in den *(Mehrzahl)* (geistigen Welten? den – – Angelegenheiten? – – ) die meinem Vater gehören?" (Luk. 2,49)

Später nennt er diesen Mehrzahlbegriff „Reich Gottes, Reich der Himmelswelten".

Die Evangelien des Neuen Testaments dokumentieren in großer Vielfältigkeit, wie das Geraune über seine ungewöhnliche Entstehung sich unterschwellig in seiner Umwelt ausbreitete: glaubwürdig? unglaubwürdig? Glaube? Unglaube? Gottes Sohn? Satans Sohn? Hat der Gottesglaube etwas mit der natürlichen Gesundungs- und Lebenskraft zu tun? Warum nicht mit der jüdischen Staatsgewalt?

GOTTES Wirkungs- und Gestaltungskraft hatte ein anderes(!!) Ziel, sie hob dieses Leben aus dem Tod hinein in die HIMMELSWELTEN.

Maria aber

musste durch eine normale Geburt, durch das Durchschneiden der Nabelschnur ihr „Gott-Mensch-Kind" abgeben. Sie wurde wieder eine Menschenfrau wie alle um sie herum. Ich kann mir jedoch nicht vorstellen, dass sie jemals mit ihrem Mann sexuellen Verkehr hatte oder dass Josef in diesen Leib eindringen wollte.

Aber Jüngerin wurde sie wie die übrigen menschlichen Jünger (Apostelgeschichte 1,14).

„Ti? emoi kai soi, gynai!" „Was gibt es noch Gemeinsames zwischen MIR und dir, Frau?" sagt Jesus auf der Hochzeit in Kana zu ihr (Joh. 2,4).

Die Geburt in Bethlehem war kein Hokus-Pokus-Kunststückchen. Alle Wunder, die Jesus tat, waren Verstärkungen und Vermehrungen der GÖTTLICHEN Wirk- und Gestaltungskräfte, die das Naturgeschehen aufbauen – gegen die Widersacherkräfte der Gravitation.

Maria erschien dem Mädchen Bernadette in Lourdes als „immaculata conceptio", als „unbefleckte Empfängnis", und mit ihr traten die

GÖTTLICHEN Wirkkräfte in der Natur, in der Wasserquelle, in Erscheinung.

Die Weihnachtsgeschichte, wie wir sie kennen, und die Geschichten vorher und nachher stammen alle aus dem Evangelium des Lukas. Maria wird darin besonders liebevoll behandelt. Es ist deshalb wichtig zu sehen, wie Lukas sie weiterhin schildert.

Lukas hat ein zweigeteiltes Werk verfasst: Teil 1 = Evangelium, Teil 2 = Apostelgeschichte. Er hat dieses Werk seinem hochstehenden Gönner Theophilus gewidmet und schreibt in seinem Vorwort (Luk. 1,1-4), dass er sorgfältig recherchiert hat.

Sowohl im Evangelium wie in der unmittelbar anschließenden Apostelgeschichte rückt er Maria, die Mutter Jesu, in den Kreis der Männer und Frauen, die Jünger von Jesus waren.

Im Evangelium geschieht das zunächst (Luk. 8,19-23) in einer Schilderung, wie sie auch im Evangelium des Matthäus (Matth. 12,48-50) und im Evangelium des Markus (Mark. 3,31-35) zu lesen ist: Jesus predigt in einem Haus. Da wird ihm gemeldet, dass seine Mutter und die Brüder[4] draußen stehen und zu ihm wollen, um mit ihm zu sprechen. Er aber weist auf seine Zuhörerschaft und sagt: „Jeder, der den Willen meines Vaters tut, ist mein Bruder und meine Schwester und meine Mutter."

---

4 Anmerkung: es wird angenommen, dass die „Brüder" Jesu aus einer ersten Ehe von Joseph stammen. Immer wird Joseph als älterer Mann dargestellt.

Dann aber erzählt Lukas allein in Kapitel 11 noch eine Geschichte: Jesu Gegner schreien laut, dass er ein Satanssohn sei (Luk. 11,14ff). Da schreit eine Frau noch lauter (Luk. 11,27+28): "Glückselig ist der Leib, der dich, Jesus, getragen hat und die Brüste, die du gesogen hast." Was Jesus darauf zu der Frau sagt, verbindet Lukas nun mit dem Verbindungswort „menoun". „Ja", sagt Jesus, „allerdings (vielmehr, jedoch) sind glückselig alle, die ein Gehör für das WORT GOTTES haben und es (sorgsam) behüten."

In der Apostelgeschichte schreibt Lukas, in Kapitel 1,14, dass alle Jünger nach der HIMMELFAHRT Jesu einmütig zusammen waren mit den Frauen und mit der Mutter von Jesus, Maria, und mit seinen Brüdern. Sie warteten betend auf die GEISTtaufe, die ihnen verheißen worden war und die dann am Pfingstfest geschah.

-------------------------------------------------------------

## Was soll das bedeuten: ein Gehör für das WORT (den Logos) GOTTES haben?

Im Jahr 2004 jährte sich zum 200. Mal der Todestag von Immanuel Kant. Alle Radio- und Fernsehsendungen, alle Zeitungen und Zeitschriften brachten Artikel, die das Gedankengut dieses Philosophen und seine zusammenfassenden Formulierungen in Erinnerung riefen. So spricht Kant voll Bewunderung und Ehrfurcht von dem *„bestirnten Himmel über uns"* und von dem *„moralischen Gesetz in uns"*.

In den 200 Jahren ist viel geschehen. Der Blick zu dem „bestirnten Himmel" hat sich ausgeweitet hinein in ein Universum voller Sterne, Sternhaufen, Galaxien, schwarzer Löcher, ausgeweitet zum Erkennen vom Werden und Vergehen in diesem Universum, ja vom weiteren Ausdehnen, zum Erkennen einer noch „dunklen" Energie, die der Saugkraft der Gravitation sieghaft entgegenwirkt.

Die Physiker nennen sie eine „dunkle" Energie. Für mich ist sie die „helle" Energie. Der Paläontologe Pierre Teilhard de Chardin spricht von der kosmischen Christuskraft, vom kosmischen Christus.

Der Philosoph Kant hat aufgezeigt, dass die Erkenntniskräfte im Menschen sehr begrenzt sind, dass dieser weit davon entfernt ist, das *„Ding an sich"* zu erkennen. Ihm formen sich seine Umwelt, seine Erlebnisse, seine Urteile raum-zeitlich. Er kann nur erkennen, indem er raum-zeitlich denkt.

Die heutige Wissenschaft ist imstande (dank dem Physiker Albert Einstein), das zu erklären, weil sie mit der „Urkraft" des Universums, mit der Gravitation, rechnet. Diese Urkraft dellt ein, sie schafft auf diese Weise „Raum und Zeit".

Wir Menschen sind aus dieser Urkraft hervorgegangen, sie ist in uns, sie wirkt in unserem Denken. Sie beeinflusst auch unser Seelenleben, sie saugt es auf sich selbst zurück.

Dagegen spüren wir aber auch jene „helle" Energie, eine Dynamik, die uns Auftrieb und Hoffnung gibt, die uns fröhlich und getrost sein lässt. Wie ein helles Licht beleuchtet sie unser Seelenleben. Und sie lässt uns „sehen" (dank der Erkenntnis des Paläontologen Teilhard de Chardin), dass unsere Evolution ein Grundprinzip hat, nämlich: complexité. Dem aus dieser Evolution hervorgegangen „Menschen" wird dieses Grundprinzip „bewusst", wird zu dem rätselhaften *„moralischen Gesetz in uns"*.

Sehen, begreifen, sich öffnen für die Kräfte, die uns und unsere Umwelt gestalten, die uns niederdrücken, aber auch erheben bis hin zu unserer nachtodlichen Zukunft, sich öffnen und ein Ohr haben für die Menschen um uns, sich ihnen verbinden, sich für sie verantwortlich wissen, das meint wohl Jesu Antwort, wie Lukas sie formuliert.

Lukas gebraucht den Ausdruck „Logos tou theou". „Logos" meint einerseits das aus Buchstaben zusammengesetzte Wort, das man lesen und schreiben kann.

Andererseits ist es aber zur Zeit des Lukas im griechischen Sprachraum gebräuchlich für die kosmische Weltseele, die kosmische Lebenskraft. In diesem Sinn wird es an vielen Stellen des Neuen Testaments gebraucht (das WORT GOTTES wird ausgesät –, es wächst –, es trägt Früchte im „Herzen" des Einzelnen und Menschheitsgruppen –, es richtet –, es reinigt – – –).

Glückselig, sagt Jesus, glückselig sind die, welche in der Weltseele, in der hellen Energie, in dem Instinktgesetz der Evolution (dem Sichzusammenschließen in einer Liebe, die den Anderen nicht erdrückt, sondern ihn nach seinem eigenen Gesetz leben lässt), glückselig sind die, welche in dem allen GOTTES ATEM, GOTTES NÄHE spüren.

# November 2005

Es ist verblüffend und faszinierend, wie die Wortwahl und die Gedankenwelt der neutestamentlichen Autoren sich in unser heutiges, dynamisches Weltbild einfügen. Paulus gebraucht z.B. in seinem Christushymnus im Kolosserbrief (Kol. 1,16) das Wort ktizein, um auszudrücken, wie unser Universum sich entfaltete.

Nach den Gesetzen der Lautverschiebung verändern Konsonanten um einen Vokal herum sehr häufig ihren Platz. Ein deutsches Beispiel: Born – Brunnen. So verändert bei ktizein (κτιζειν) t/d und z/s ihren Platz und man findet das deutsche Wort „siedeln" wieder. Die Lautverschiebung lässt erkennen, dass das griechische und das deutsche Wort eine gemeinsame Wurzel haben und daher das Gleiche meinen.

Eine Siedlung ist eine lockere complexité.

Vor dem Beginn unseres Weltalls, also vor dem „Urknall", bestand eine zusammengepresste Dichte. Der Prolog zum Johannesevangelium schildert (Joh. 1,1ff), wie die göttliche Logoskraft in diese Dichte trat und sie „erlösend" auseinanderstrahlte. Zwei Kräfte wirken seitdem in gegensätzlicher Richtung (Ausstrahlung – Zurücksaugen). Die göttliche Kraft siegt, und es entstehen jene lockeren Gebilde, wie sie unser Universum ausfüllen, „besiedeln".

Ein anderes Beispiel (Joh. 3,16):

Also hat GOTT unser Weltall geliebt, dass ER ihm die aus IHM SELBST geborene Logoskraft, die HELLE Energie, gab. So wurden alle (hier entstandenen) Menschen, die sich dieser Energie anvertrauten, nicht (durch das drohende Schwarze Loch) ver-nicht-et, im Gegenteil, sie haben nun ein EWIGES LEBEN.

Auf dem kleinen Stern „Erde" aber wirkte diese göttliche Logoskraft in besondere Weise. Und wieder ist es verblüffend und faszinierend, wie die Aussprüche Jesu, die von Gras, Feldblumen und Vögeln handeln, (Matth. 6,25-34, Luk. 12,22-32) in unser Evolutionsdenken hineinpassen. „Kleingläubig" nennt Jesus die übermäßig Besorgten und fordert sie auf, den Prozess der Schöpfung gedanklich nachzuvollziehen. Aus der Lithosphäre (der Steinsphäre) hatte sich die Biosphäre bilden können (Leben, Pflanzen, Tiere), hatte sich aufbauen können, weil die nötigen Ressourcen dafür vorhanden waren. Aus der Biosphäre hatte sich die Noosphäre bilden können, d.h. die denken-könnenden-Menschen. Sie sind „höher" als Pflanzen und Tiere, aber sie bauen sich ebenfalls auf den vorhandenen Ressourcen auf.

Und was baut sich aus ihnen auf? Aus ihrem denkenden Sich-Verhalten?

Wir erleben z.Zt. eine wahre Explosion des Denkens. Es erfasst alles Vorhandene und breitet sich selbst in schwindelnde Höhen aus und baut virtuelle Welten.

Auch die Religionen werden von der Explosion des Denkens erfasst. Ähnlich wie nach dem irdischen Leben des Jesus von Nazareth die Apostel sich dessen Aussprüche ins Gedächtnis riefen und in ihrem Weltzusammenhang neu begriffen (Joh. 14,25) , so kann man heute die Formulierungen in den neutestamentlichen Schriften neu begreifen, und so erstrahlt auch der Prolog des Johannesevangeliums neu beleuchtet durch das naturwissenschaftliche Denken: Im Anfang war der Logos, diese HELLE Energie. G-O-T-T war diese HELLE Energie. Sie war im Universum, ja, das Universum wurde überhaupt durch sie. Auf dem Stern „Erde" vermischt sie sich derart mit dem Erbgut des Mädchens Maria, dass ein Erdling, ein Mensch, entstand, dessen Wesen, Sprechen, Handeln und Wirken von göttlicher Dynamik durchsetzt war. Die zurücksaugende Widersacherkraft glaubte, ihn töten zu können.

Das Johannesevangelium bringt nun (wie zu seinem Beginn den Prolog) zu seinem Ende ausführliche Abschiedsreden Jesu.

(Joh. 14,1ff) „Euer Herzschlag soll nicht unruhig werden. Ich verschaffe mir den Durchbruch (πορευομαι –> per) durch die Todeswelt und mache, dass für euch ein Ort bereit liegt. Ich komme wieder (zu euch), fange euch auf, nehme euch an mich, so dass ihr seid, wo auch ICH BIN. ... ICH BIN der Weg und die Wahrheit und das Leben. Jeder, der sich zu GOTT, dem „VATER" (von mir, von euch, von diesem ganzen Weltall) wie auch immer zubewegt, kann nur durch MICH, den Logos, die HELLE Energie, zu IHM gelangen."

Was baut sich auf – aus uns, aus unserem Denkverhalten?

Ganz einfach: das „Reich GOTTES".

So beten wir im Vater-unser-Gebet: DEIN Reich komme, DEIN Wille werde!

Das Reich Gottes ist mit Jesus nahe gekommen. Das ist der Inhalt der vier Evangelien, selbstverständlich auch der neutestamentlichen Briefe.

Paulus gebraucht gern das Bild vom „Leib". Nach Teilhard de Chardin ist gelockerte, „gekörnte" complexité das Grundmuster der Evolution, vom Urknall an.

„complexité" = ein „Reich",

eine Gemeinschaft von Freunden, von Feinden, die zu Freunden wurden.

Das ist auch eine Grundidee von christlichen Staaten der Neuzeit. Wenn diese Gemeinschaften auch nie beständig sein werden, weil stets die Gegenkraft da ist, so ist der Versuch ihrer Verwirklichung doch die nötige Vorarbeit, ist wie das Werden einer Knospe, wie das Werden eines Embryos. Erst in der Welt jenseits des Todes wird die Knospe aufblühen in einer Weise, die unser raumzeitliches Denken und Vorstellungsvermögen übersteigt.

Ich glaube, wir Menschen brauchen noch viel Zeit für diese Vorarbeiten – auf vielen Gebieten.

# Letzte Gedanken
# zum Neuen Testament

Juli 2006

Ich bin überzeugt von der Datierungsweise John A.T. Robinson's in seinem Buch „Wann entstand das Neue Testament?" (dieses Buch ist 1976 in England erschienen. Die deutsche Übersetzung erschien erst 1986.)

Er macht darauf aufmerksam, dass nirgends im Neuen Testament die Zerstörung des Tempels in Jerusalem als geschehenes Ereignis erwähnt wird (sondern nur als Weissagung). Er folgert daraus, dass das Neue Testament in der Zeit vor 70 n.Chr. geschrieben sein muss, von Menschen, die zum Teil noch persönlich Jünger des Jesus von Nazareth gewesen waren.

Ich bin also überzeugt, dass Petrus und Johannes von Jesus selbst belehrt worden sind, und dass sie begriffen haben, was die Vorstellung von Gott als unserem „Vater" bedeutet.

Im Judentum wurden zwar die Väter der Stämme als biologische, als ihre Gene vererbenden Väter gesehen, aber bei „Gott" wurde nur die autoritäre Stellung des Familienoberhauptes gesehen. Ihm ist der Sohn und seine ganze

Familie zu absolutem Gehorsam verpflichtet. Dafür sorgt dieser Patriarch für seine Kinder, er liebt sie, straft sie, leitet sie. Sie müssen ihn lieben und verehren.

Jesus hat seine naturhafte Verbindung mit dem Vater derart betont, er hat es seinen Jüngern erklärt (exegesiert Joh. 1,18), so dass sie nun nach seiner „Himmelfahrt" in vielen Varianten betonen, dass die, die „in Christus" sind, nicht nur dem Namen nach, sondern wirklich Gotteskinder sind (1. Joh. 3,1), dass der VATER ihnen göttliche „Gene" vererbt hat.

Jedoch eine Widersachermacht, eine Energie, die diese „Gene" in ihr Schwarzes Loch zurücksaugen will, verhindert die Menschen an diesem engelhaften Leben. Es entsteht durch dieses Zusammentreffen von Lebenskraft und Todesmacht für sie der Zwang, alles nur noch räumlich und zeitlich sehen zu müssen, alles nur noch innerhalb dieser Koordinaten zu erkennen, zu beurteilen, zu ordnen. Das zeitenlose Leben ist in diesem Verschlungensein nur zu ahnen, zu spüren. Aber es ist spürbar!

Der Apostel Johannes bedenkt in seinem Evangelium und in seinen Briefen besonders stark diesen Zustand. Er benutzt das griechische Wort ménein. Ménein heißt auf deutsch „bleiben", d.h. ohne den Zeitenablauf von Vergangenheit, Gegenwart und Zukunft zu sein.

Natürlich wird das Verb „bleiben" im Neuen Testament oft im Sinn von „verbleiben, verweilen" an einem Ort oder für eine gewisse Zeit gebraucht. Doch sehr viel häufiger wird es in Verbindung mit Gott gebraucht. Und da scheint es mir ein Ausdruck für „Zeiten-los" zu sein, nicht der Zeitabfolge ausgeliefert zu sein.

Durch strenges Meditieren kann der Mensch in den Zustand von Zeitlosigkeit gelangen, und er kann dann Gottesnähe fühlen. Aber er ist in diesem Zustand von seiner konkreten Umwelt getrennt. Und diese Umwelt ist, ohne eigene Meditation, nur auf einzuhaltende Gesetze oder auf Extase angewiesen.

Der Apostel Johannes erkennt mit Erschütterung (1. Joh. 3,1), welch eine Liebe zu uns Menschen von diesem zeiten-losen Gott ausgeht, der seine Schöpfungskraft, „seinen Logos" (wie einen aus ihm hervorgehenden Sohn) aussendet, so dass unser Kosmos entsteht, ja, dass auf dem kleinen Stern „Erde" Menschen entstehen, und dass Gott diesen Logos „Mensch" werden lässt, dass durch dessen leeres Grab und dessen Erscheinungen die Menschen nun erkennen können, dass die göttliche Lebenskraft „bleibt".

Wer in dieser „Lehre" von Gott und der aus ihm strömenden Christuskraft „bleibt", der „hat" Gott, schreibt Johannes in seinem kleinen so genannten zweiten Brief (2. Joh. Vers 9). Ausdrücklich wiederholt er immer wieder, dass zeiten-loses Bleiben in Gott (ménein) und irdisches Denken (peripatein) zusammengehören, wie Jesus es uns vorgemacht hat (2. Joh. Vers 6).

„In Christus" sein, „in ihm" den Lebensweg gehen, mehr als 160 mal formuliert das Neue Testament diese Möglichkeit.

Jesus Christus ist die Verbindung des zeitenlosen, des ewigen Gottes mit unserem raumzeitlichen Denkgefängnis. Er ist auch unsere Erlösung aus diesem Gefängnis. Man denke nur an die Seligpreisungen (Matth. 5).

Was unser Gotteserlebnis in der Natur betrifft, so gilt nach meiner Erfahrung, dass Gott selbst uns nicht in „Biophotonen" oder „Kohärenz" oder dgl. begegnet, dass wir aber hinter diesen Erscheinungen die wirkende zeiten-lose Gotteskraft spüren.

Zur Zeit taucht in der evangelischen Theologie der Begriff „Resonanzerfahrung" auf. Dieses Wort gibt sehr gut wider, wie unsere göttlichen „Gene" ins Schwingen geraten können, wenn sie die Gotteskraft hinter allen Erscheinungen spüren und dass diese „Erleuchtung" als Glückserfahrung empfunden wird.

> „Mein Herz freut sich,
> meine Seele frohlockt.
> Den Weg des Lebens
> lässt du mich schauen."

(Psalm 16, 9 und 11)

# VATER

unser
in den HIMMELSWELTEN

GEHEILIGT werde
## DEIN NAME
es komme, es fließe, es sei im Anmarsch
## DEIN REICH
es werde
## DEIN WILLE
wie im HIMMEL, so auch auf der Erde

unser
## BROT
für morgen gib uns heute

und schleudere weg
was **DU** von uns erwarten konntest,
was wir aber nicht geleistet haben,
was wir **DIR** **schuldig** geblieben sind

wie auch wir weggeschleudert haben
was wir von unseren Mitmenschen erwarten konnten,
was sie uns aber **schuldig** geblieben sind.

Führe uns nicht in Versuchung hinein
sondern
## ERLÖSE
uns von dem

## BÖSEN